Dieses Buch gehört:

Mein Weihnachtsstern

Beate Speck-Kafkoulas
Birgitta Reddig-Korn

Hase und Igel®

Es sind noch 24 Tage
bis Weihnachten!

13
14
15
16
17
18
19
20
21
22
23
24

Es weihnachtet sehr

An Dezembertagen
kann es sein,
dass es abends
freundlich klopft,
dass Besuch kommt
unverhofft,
dass dir jemand
Himmelstorte backt
und die dicksten
Nüsse knackt,
dass er dir
ein Lied mitbringt
und von seinen
Träumen singt.

An Dezembertagen
kann es sein,
dass Menschen
plötzlich Flügel tragen
und nach Herzenswünschen fragen.
Riesen werden
sanft und klein,
laden alle Zwerge ein.
Dezember
müsst es immer sein!

Anne Steinwart

13
14
15
16
17
18
19
20
21
22
23
24

Advent, Advent, Advent,
die erste Kerze brennt.

13 14 15 16 17 18 19 20 21 22 23 24

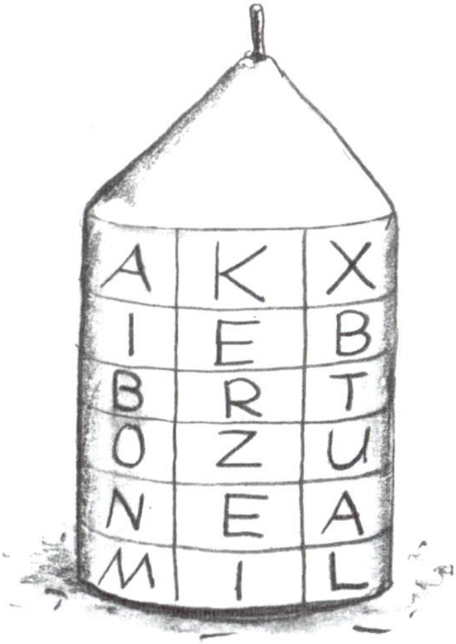
A K X
I E B
B R T
O Z U
N E A
M I L

T A A E
B D M O
I V C H
D E G K
T N F L
U T M O

1
2
3
4
5
6
7
8
9
10
11
12

Liebe Kinder, es ist Winter,
doch wohin ich mich auch dreh,
nirgends gibt es Schnee!

Christiane Zeller

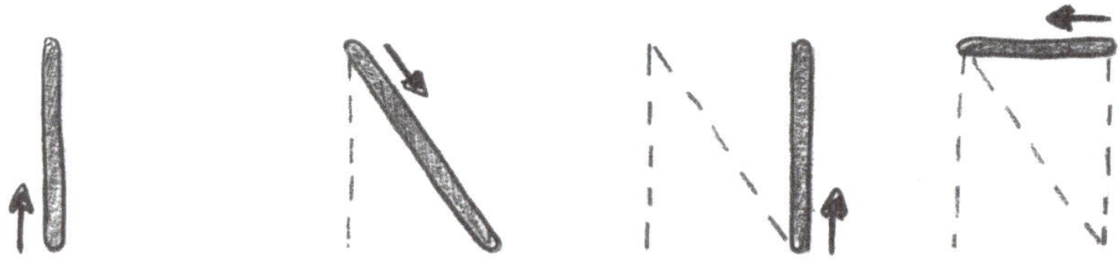

Das ist das Haus

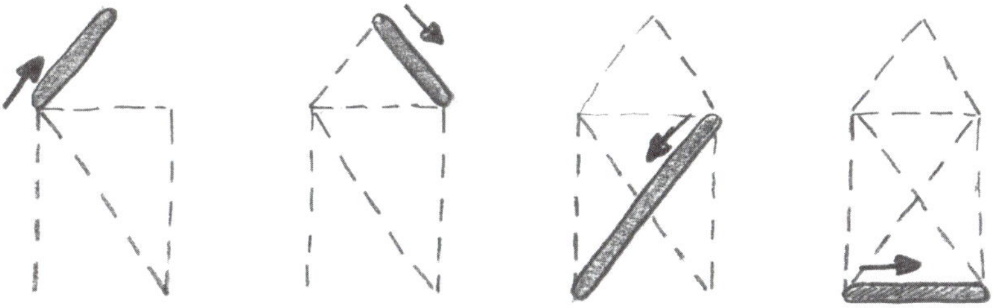

vom Ni- ko- laus.

Kannst du es schon?

Das ist der

 Nikolaus.

Das ist die

 Niko___.

Das ist das

 Niko___.

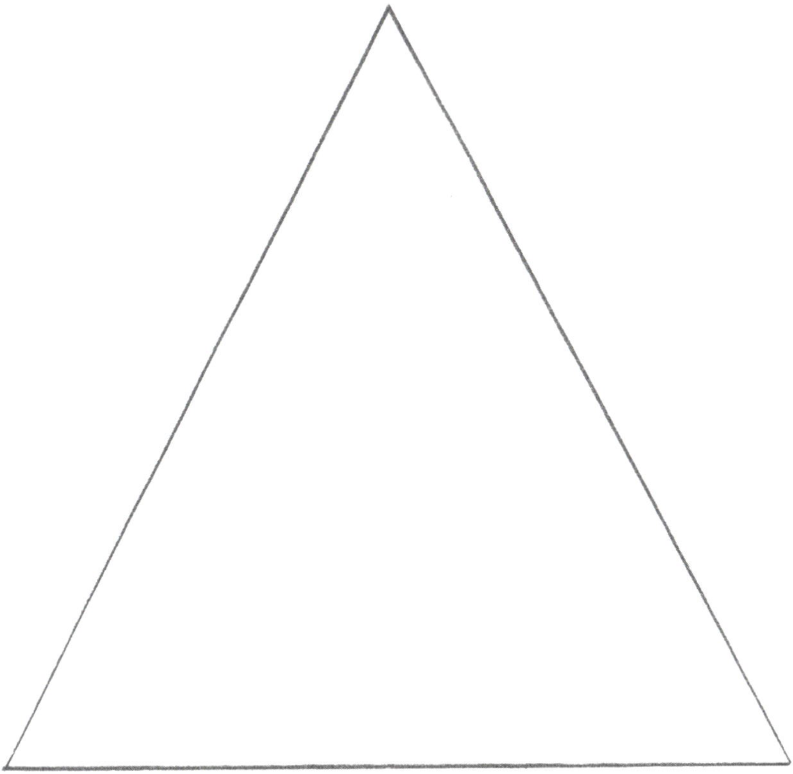

Ich bin dein Nikolaus.

1 2 3 4 5 6 7 8 9 10 11 12

Nuss Nuss Nuss
Schale Nuss Nuss
Knacker Nuss
Nuss Nuss Nuss
hart hart hart
hart hart weich
hart hart

Apfel, Nuss und Mandelkern
essen alle Kinder gern.

Wer isst noch mit?

Unser Schneemann

13
14
15
16
17
18
19
20
21
22
23
24

Der kleine Straßenkehrer und das Engelshaar

In der Nacht war Schnee gefallen und dann hatte es gefroren. Der kleine Straßenkehrer zog sich wärmer an als sonst: mit der roten Pudelmütze, dem langen blauen Wollschal und den dicken roten Handschuhen. Leider hatten die Motten große Löcher hineingefressen; so schauten an beiden Händen der Daumen und der Zeigefinger heraus und an der linken Hand auch noch der kleine Finger.

Traurig betrachtete der kleine Straßenkehrer die nackten Finger, während er zur Winterstraße ging. Heute brauchte er noch keine Schneeschaufel, aber wenn es weiter schneite, würde er mit dem Besen allein nicht mehr auskommen.

Während er so die Straße kehrte, sah er auf einmal etwas im Schnee glitzern, etwas Silbernes. Zwar leuchtete der Schnee in den ersten Sonnenstrahlen selber wie Silber, aber das Etwas glitzerte noch viel heller.

Es war ein langer silberner Faden, den der kleine Straßenkehrer aufhob.

„Engelshaar“, sagte er andächtig, „das Haar von einem Engel.“ Und er wickelte das schimmernde Haar um seinen linken Zeigefinger, der am meisten fror. Das Engelshaar sah wunderhübsch aus – und es wärmte! Nicht nur der Zeigefinger wurde warm, sondern die ganze linke Hand.

„Guten Morgen, kleiner Straßenkehrer!“, rief Fräulein Wunderlich, vor deren Garten er das Engelshaar gefunden hatte. Sie war zu ihrem Vogelhäuschen unterwegs, um den Meisen und Spatzen Futter zu bringen. „Was hast du da Hübsches am Finger?“

„Engelshaar“, sagte der kleine Straßenkehrer stolz.

„Jetzt macht es mir überhaupt nichts mehr aus, dass meine Handschuhe Löcher haben.“

Fräulein Wunderlich lächelte ihm freundlich zu. Dann ging sie ins Haus zurück, holte rote Wolle und fünf Stricknadeln aus der Schublade und fing an, dem kleinen Straßenkehrer neue Handschuhe zu stricken. Sicher hat das der Engel so gemeint, dachte sie, als er sein Haar gerade vor meinem Garten ablegte.

Inzwischen kehrte der kleine Straßenkehrer weiter die Winterstraße. Ab und zu blieb er stehen und betrachtete glücklich seinen linken Zeigefinger. Da kam die alte Zeitungsfrau vorbei. Sie trug ihre Hände in die Schürze gewickelt, weil sie ihre Handschuhe verloren hatte.

„Frierst du?“, fragte der kleine Straßenkehrer.

Die alte Zeitungsfrau nickte.

Der kleine Straßenkehrer zögerte einen Augenblick, dann löste er das Engelshaar von seinem linken Zeigefinger und gab es der Zeitungsfrau.

„Du musst es um eine Hand wickeln“, sagte er, „dann frierst du nicht mehr.“

Und merkwürdig!

Nicht nur die Hände der alten Zeitungsfrau wurden warm – auch die des kleinen Straßenkehrers blieben es, ja, sie wurden sogar wärmer, als sie gewesen waren.

Engelshaar hat eben wunderbare Kraft, vor allem in der Vorweihnachtszeit!

Eva Marder

Auf dem Markt gibt es schöne Dinge:

St_rn_

Ke__en

Ä__el

13
14
15
16
17
18
19
20
21
22
23
24

Gl_cke_
und mich
e
e

1
2
3
4
5
6
7
8
9
10
11
12

Bitte Klopfen
Bitte Klopfen

13
14
15
16
17
18
19
20
21
22
23
24

Bitte
Klopfen

1
2
3
4
5
6
7
8
9
10
11
12

Der Schneemann ist ein dicker Mann
pff – pff – pff
hat einen weißen Mantel an
pff – pff – pff.

Er ist so rund, wiegt hundert Pfund.
Doch wenn die liebe Sonne scheint,
dann wird er klein,
so klein,
so klein.

Hanna Hanisch

Ein Geschenk für . . . .

Ein Geschenk für mich

Bastle dir eine Christ  .

Dafür brauchst du Tonpapier und:

Schau dir die Anleitung genau an.

Für Blütenmitte und Stängel brauchst du grünes Tonpapier:

①

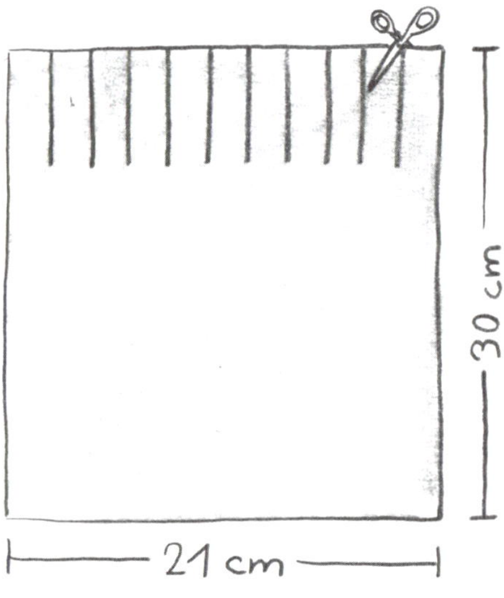

②

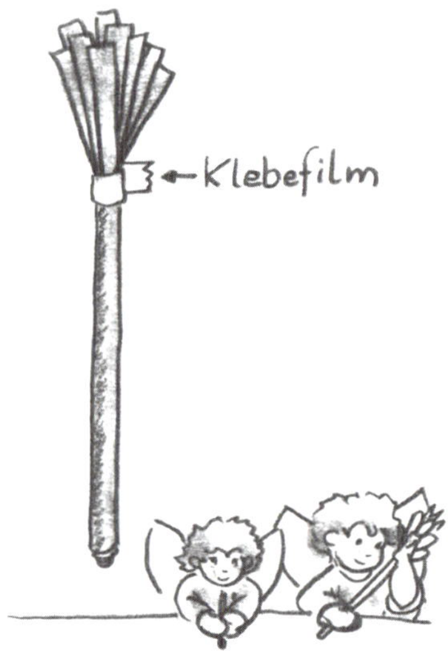

Für die Blütenblätter brauchst du weißes Tonpapier:

③

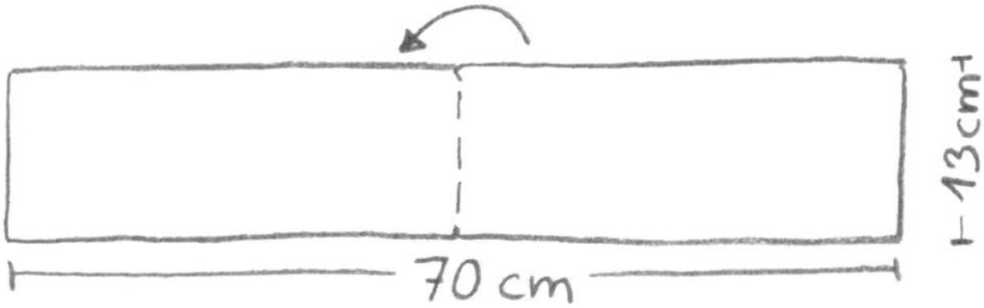

④

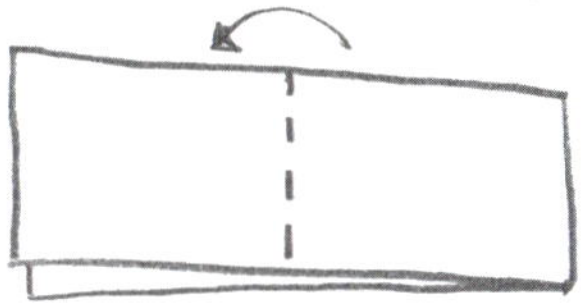

⑤

⑥

⑦

⑧

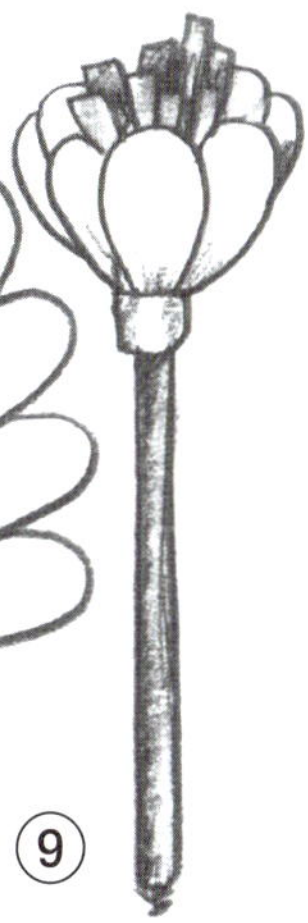

⑨

Ist der
Weihnachtsmann
eine Frau?

Vielleicht.

Keiner weiß es
genau.

Peter Heitmann

13
14
15
16
17
18
19
20
21
22
23
24

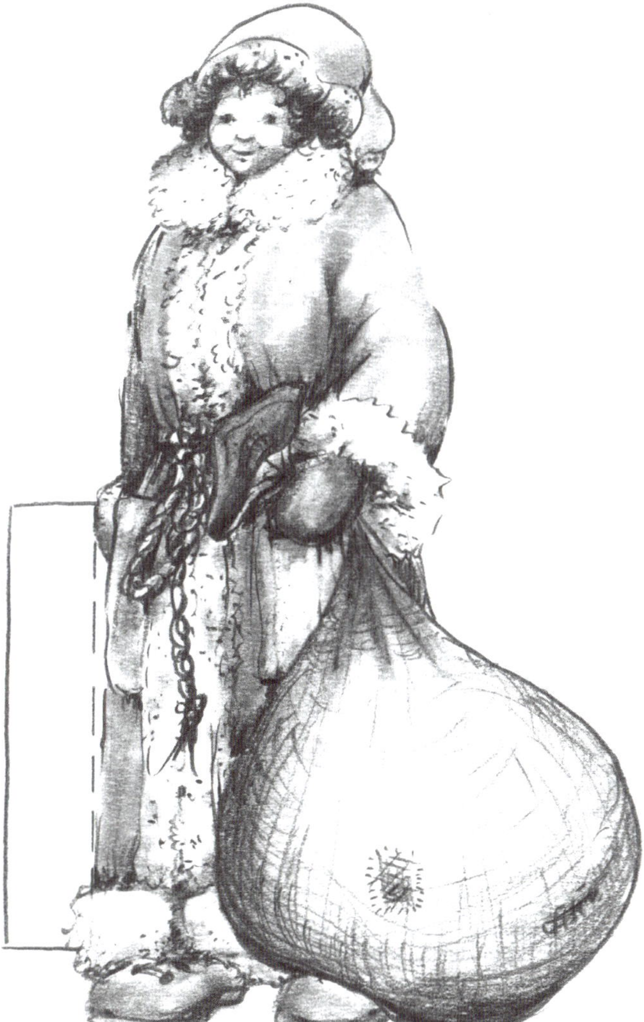

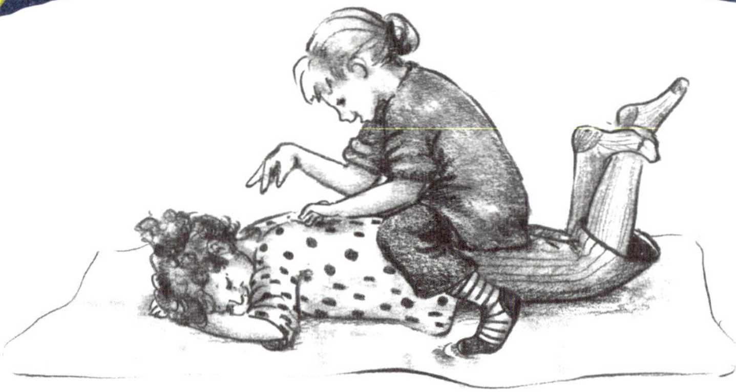

Im Schnee hin und her,
steht es geschrieben
kreuz und quer:

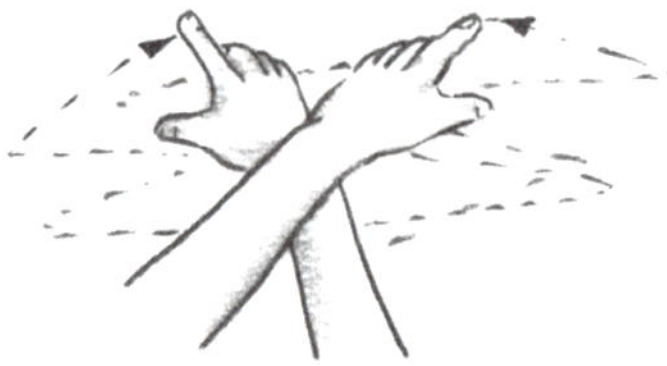

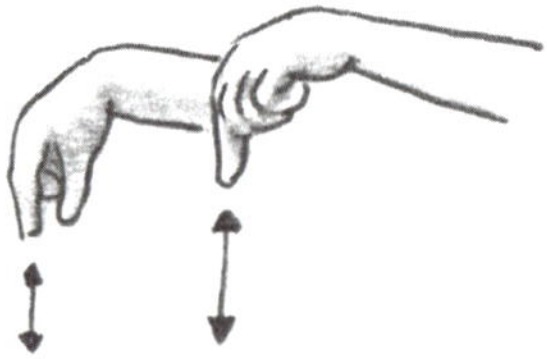

Hier ging ein Reh, ein Hase

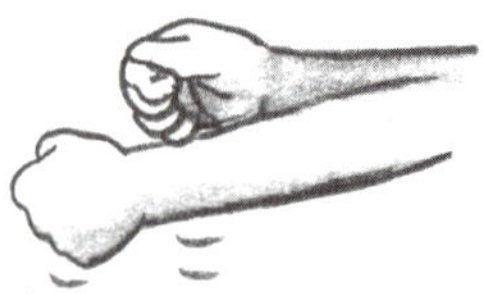

und ein Bär.

Es schneit,

es stürmt,

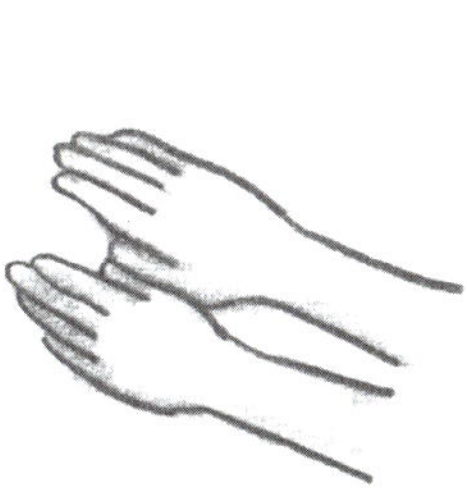

in diesen kalten Winterwochen.
Da haben sich alle drei
in eine warme Höhle verkrochen.

Ein zeigt uns

den Weg zur Krippe.

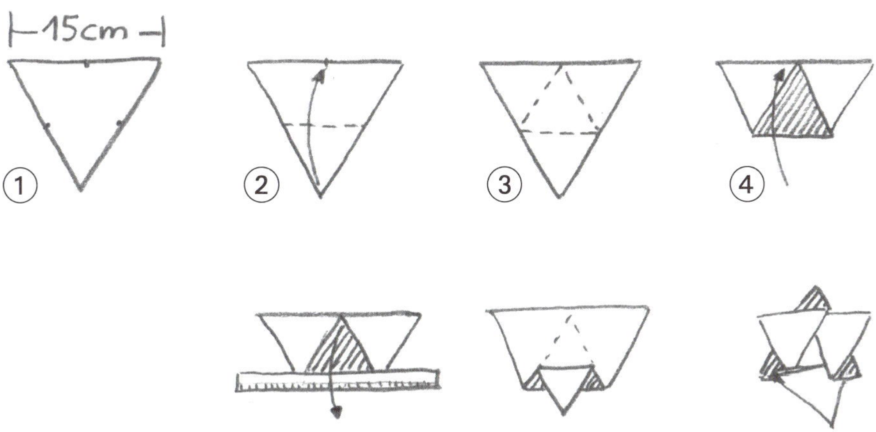

Rätsel

Lösung:

1	2	3	4

Kein Geschenk für Anatol?

Eine Weihnachtsgeschichte von

Beate Speck-Kafkoulas

Ein bisschen find ich das gemein –
der Anatol wird traurig sein!

Noch einen Bissen Marzipan,
dann zieh ich dir dein Nachthemd an.

Doch was ist das? - Das Bett ist voll!
Ganz voll mit meinem Anatol!

Laut schnurrt er, macht sich breit und fett!
Marie, du darfst doch in mein Bett.

Komm her, komm in mein Kuschelkissen;
ich sag dir, ich hätt´s wissen müssen:

Der Wagen war für Anatol!
Auf´s Christkind ist Verlass – jawohl!

Es schneit, es schneit,
Schneeflocken weit und breit!

Hase, Igel, Bär und Schaf,
wer hält einen Winterschlaf?

13 14 15 16 17 18 19 20 21 22 23 24

Wo ist das Hasenohr geblieben?
Unterschiede gibt es sieben!

Wenn es Winter wird

fliegen die 
zum  .

schippt Mama
das  frei.

bauen die 
einen  .

13
14
15
16
17
18
19
20
21
22
23
24

Was
machst du
im Winter?

O Tannenbaum, o Tannenbaum,
wie grün sind deine Blätter.
Du grünst nicht nur zur Sommerszeit,
nein, auch im Winter, wenn es schneit.
O Tannenbaum, o Tannenbaum,
wie grün sind deine Blätter.

13
14
15
16
17
18
19
20
21
22
23
24

Die Geschichte vom winzigen Tannenbaum

Es war einmal ein winziger Tannenbaum. Der war so klein wie ein Streichholz, nicht größer. Er hatte überhaupt keine Aussichten, ein Christbaum zu werden.

Alle großen Leute wollten nämlich große Bäume, einen Meter fünfzig bis zwei Meter groß, und keinen zündholzkleinen Tannenbaum.

So stand nun die winzige Tanne auf dem Christbaummarkt und wartete und wartete. Der Heilige Abend kam immer näher.

Alle großen Tannen um sie herum waren schon verkauft. Der Weihnachtsbaumverkäufer kehrte bereits alle abgebrochenen Zweige und Äste zusammen, um sie in den Abfalleimer zu werfen. Gerade wollte er auch den Tannenbaum aufkehren.

Da – sirr – zischte ein glühwürmchengroßes Englein vorbei, packte den kleinen Baum am Wipfel und – hui – war es mit ihm auf und davon.

Der funkengroße Engel flog von Haus zu Haus und blickte in die Zimmer, in denen schon überall prachtvoll aufgeputzt die großen Christbäume standen. Plötzlich flog er an einem dunklen Fenster vorbei. Als er genauer hineinblickte, sah er eine alte, kleine Frau am Tisch sitzen. Eine winzige Kerze brannte vor ihr. Dahinter stand eine winzige Krippe, geschnitzt aus Zündhölzern. Leise flog der Engel durchs Schlüsselloch ins Zimmer und stellte den streichholzgroßen Tannenbaum neben die Streichholzkrippe.

Die Frau erschrak, als sie den Engel sah. Der aber sagte: „Fürchte dich nicht. Ich bringe dir nur diesen Christbaum.“ Dann sang er drei fröhliche Weihnachtslieder, funkte dreimal hell auf und flog durch das Schlüsselloch davon.

„So etwas“, murmelte die alte Frau, „das war die größte Weihnachtsüberraschung in meinem Leben.“ Und zärtlich strich sie dem winzigen Tannenbaum über seine winzigen Zweige.

Alfons Schweiggert

Die Weihnachtsgeschichte

In jenen Tagen erließ Kaiser Augustus den Befehl, alle Bewohner des Reiches in Steuerlisten einzutragen. Dies geschah zum ersten Mal: damals war Quirinius Statthalter von Syrien. Da ging jeder in seine Geburtsstadt, um sich eintragen zu lassen.

So zog auch Josef von der Stadt Nazareth in Galiläa hinauf nach Judäa in die Stadt Davids, die Bethlehem heißt, denn er war aus dem Haus und Geschlecht Davids. Er wollte sich eintragen lassen mit Maria, seiner Verlobten, die ein Kind erwartete.

Als sie dort waren, kam für Maria die Zeit ihrer Niederkunft und sie gebar

ihren Sohn, den Erstgeborenen. Sie wickelte ihn in Windeln und legte ihn in eine Krippe, weil in der Herberge kein Platz für sie war. In jener Gegend lagerten Hirten auf freiem Feld und hielten Nachtwache bei ihrer Herde. Da trat der Engel des Herrn zu ihnen und der Glanz des Herrn umstrahlte sie.

Sie fürchteten sich sehr, der Engel aber sagte zu ihnen: „Fürchtet euch nicht, denn ich verkünde euch eine große Freude, die dem ganzen Volk zuteil werden soll. Heute ist euch in der Stadt Davids der Retter geboren; er ist der Messias, der Herr. Und das soll euch als Zeichen dienen: Ihr werdet ein Kind finden, das, in Windeln gewickelt, in einer Krippe liegt.“

Und plötzlich war bei dem Engel ein großes himmlisches Heer, das Gott lobte und sprach: „Verherrlicht ist Gott in der Höhe und auf Erden ist Friede bei den Menschen seiner Gnade.“

Als die Engel sie verlassen hatten und in den Himmel zurückgekehrt waren, sagten die Hirten zueinander: „Kommt, wir gehen nach Bethlehem, um das Ereignis zu sehen, das uns der Herr verkünden ließ.“

So eilten sie hin und fanden Maria und Josef und das Kind, das in der Krippe lag. Als sie es sahen, erzählten sie, was ihnen über das Kind gesagt worden war. Und alle, die es hörten, staunten über die Worte der Hirten.

Maria aber bewahrte alles, was geschehen war, in ihrem Herzen und dachte darüber nach. Die Hirten kehrten zurück, rühmten Gott und priesen ihn für das, was sie gehört und gesehen hatten, denn alles war so gewesen, wie es ihnen gesagt worden war.

Anregungen zur Ausgestaltung der einzelnen Adventstage

1. Den Satz lesen, die Sterne anmalen und durchnummerieren.

2. Den Text vorlesen und das Engellesezeichen basteln (s. Ausschneidebogen).

3. Material: alte Stoffbänder oder -reste, Klebstoff. Den Text lesen, die Rätselwörter rechts eintragen. Den Adventskranz und die Kerzenflamme ausmalen, vier Stoffbänder von den Schleifen zum Haken kleben.

4. Den Text lesen und auf dem Bild Gegenstände einkreisen, die mit Schnee zu tun haben.

5. DenSpruch rhythmisch sprechen, die einzelnen Stationen mit dem Finger nachfahren. Selbstständig sprechen und zeichnen.

6. Die Wörter „Nikomaus“ und „Nikohaus“ ergänzen, das Wort „Nikolaus“ rot ausmalen. Das Dreieck rechts mit der Gesichtsvorlage (s. Ausschneidebogen) bekleben. Die Barthaare des Nikolaus müssen vor dem Aufkleben eingeschnitten werden.

7. Die eingeschmuggelten Wörter „Schale“, „Knacker“ und „weich“ in den Nüssen lesen und einkreisen. Rechts das Wort „Maus“ eintragen.

8. Material: Watte, braune Fäden oder Bast, Klebstoff. Text erlesen, evtl. als Lied singen. Den Schneemann so mit Watte auskleben, dass die Zeichnung noch durchscheint. Für den Besen können braune Fäden oder Bast aufgeklebt werden.

9. Vorlesegeschichte

10. Die in den Auslagen versteckten Buchstaben „einsammeln“ und in die Lückenwörter eintragen.

11. Die Geschichte besprechen. Die Denk- und Sprechblasen füllen.

12. Material: zwei Rechtecke aus schwarzem Tonpapier (13 x 9,5 cm und 4,4 x 9,8 cm), weißer Buntstift oder weiße Wachsmalkreide, Klebstoff. Den Text erlesen und die zwei Zustände des Schneemanns mit weißem Stift oder Wachsmalkreide auf schwarzes Tonpapier zeichnen. Die fertigen Tonpapierbildchen können dann in die vorgezeichneten Rahmen geklebt werden.

13. Jedes Kind mit dem passenden Geschenk verbinden. In die beiden Rahmen entweder Gegenstände einzeichnen oder schreiben. Links einen Namen eintragen.

14. Material: grünes und weißes Tonpapier, Schere, Klebefilm, Stift. Christrose nach Anleitung basteln.

15. Den Text erlesen und die Weihnachtsfrau auf der linken Seite einkreisen. Die große Weihnachtsfrau auf der rechten Seite anmalen. Dann den Weihnachtsmann vom Bastelbogen ausschneiden und auch anmalen. Der ausgeschnittene Weihnachtsmann wird nur an der markierten Fläche aufgeklebt und an der gestrichelten Linie geknickt. So sind abwechselnd die Weihnachtsfrau und der Weihnachtsmann zu sehen.

16. Den Text gemeinsam sprechen und Rückenmassage behutsam ausführen.

17. Material: gleichseitiges Dreieck aus Tonpapier (Vorlage: s. Ausschneidebogen), Stift, Lineal, Klebstoff. Stern falten: Die Mitte jeder Seite mit dem Stift markieren. Jede Spitze nacheinander auf den gegenüberliegenden Mittelpunkt falten und wieder zurückklappen, sodass die Formen vier gleich großer Dreiecke entstehen. Danach jede Sternspitze umklappen und mithilfe des Lineals zur Hälfte wieder zurückfalten – so entsteht ein sechseckiger Stern. An vorgesehener Stelle ins Buch einkleben, evtl. etwas in den Stern hineinschreiben.

18. Die Formen sollen spiegelbildlich vervollständigt werden. Kreuzworträtsel lösen und Lösungswort eintragen.

19. Die Bildergeschichte gemeinsam lesen.

20. Sieben Unterschiede suchen und kennzeichnen. Die beiden Tiere, die Winterschlaf halten (Bär und Igel), anmalen.

21. Bilder vom Ausschneidebogen an die passenden Stellen kleben. Rechts eigene Ideen aufschreiben oder malen.

22. Material: Tannennadeln, Klebstoff. Den Umriss des Tannenbaums mit Tannennadeln nachkleben. Geschenke anmalen.

23. Vorlesegeschichte

24. BiblischerText zum Vorlesen. Krippe vom Bastelbogen ausschneiden und anmalen. Anschließend unter der vierten „Pergamentrolle“ an der Falz in das Buch einkleben. Die Krippe kann dann hochgeklappt werden.

Quellennachweise:

Hanisch, Hanna
Der Schneemann
aus: Wisper – knisper – Tannenzweig
Deutscher Theater Verlag, Weinheim 1971

Heitmann, Peter
Weihnachtssprüchlein
aus: Bücherwurm
Klett Schulbuchverlag, Leipzig 1997

Im Schnee hin und her
aus: Broschüre für Abonnenten des „Handbuchs für Erzieherinnen"
MVG-Verlag im Verlag Moderne Industrie, Landsberg am Lech

Marder, Eva
Der kleine Straßenfeger und das Engelshaar
aus: Der Stern im Brunnen
Ehrenwirth Verlag in der Verlagsgruppe Lübbe, Bergisch Gladbach

Poser, Hans
Unser Schneemann
aus: Der fröhliche Kinderkalender
Fidula Verlag, Boppard

Press, Hans Jürgen
Mittagsschläfchen
aus: Der kleine Herr Jakob
Ravensburger Buchverlag Otto Maier GmbH 1987

Schweiggert, Alfons
Die Geschichte vom winzigen Tannenbaum
aus: Alfons Schweiggerts Geschichtenbuch
Lentz Verlag / F. A. Herbig Verlagsbuchhandlung, München

Steinwart, Anne
Es weihnachtet sehr
Rechte bei der Autorin

Zeller, Christiane
Liebe Kinder, es ist Winter
aus: Spielen und Lernen
Velber Verlag, Seelze 1983/1984

Dieses Buch erschien erstmals 2001 unter dem Titel „Mein Advent in der 1. Klasse".
Es wurde für diese 2. Auflage überarbeitet.

Druck: Himmer AG, Augsburg

ISBN 978-3-86760-642-4
2. Auflage 2008